HURZLMEIER

LEBENDE LEGENDEN

... UND LEGENDÄRE PIN-UPS

LAPPAN

Mit besonderem Dank an:

Peter Herzberg
Rudolf Hajduk
Paul Sahner

© 1998 Lappan Verlag GmbH
Postfach 3407 · 26024 Oldenburg
Reproduktion: litho niemann +
m. steggemann gmbh · Oldenburg
Gesamtherstellung:
Westermann Druck · Zwickau
Printed in Germany
ISBN 3-89082-773-X

Liebe Zuschauer

Gleich flaniert die Créme de la créme unserer Spezies vorüber. Die akkurat fünfzig Schönsten, Wichtigsten und Weltberühmtesten. Aus einer kilometerlangen Anwärterliste per Los herausgepickt. Oder, weil sie wochenlang herumkasperten, bis sie ein gefundenes Fressen waren und im PENTHOUSE auftreten durften, wo sich diese Illustren seit Jahren ein Stelldichein geben. (Erstaunlich viele Deutsche darunter.)

Die optisch Geeignetsten – halten Sie nötigenfalls eine Hand zum Festhalten oder Augenreiben frei – zeigen sich oft ungewohnt hüllenlos. Übrigens ein Prinzip meiner Arbeit. Malerisch stelle ich Personen stets erst wie Gott sie schuf dar und bedecke sie anschließend mit geeigneten Farb-Stoffen.

Spärlich bis völlig, nach kompositorischen, religiösen, klimatischen usw. Aspekten. Oder zum Zweck der besseren Kenntlichmachung. Gewisse Personen würde man nackt nicht wiedererkennen. Andere ohne weiteres. Die allermeisten der Dargestellten fühlten sich durch ihr Portrait denn auch ordentlich geschmeichelt.

Bis auf eine unrühmliche, freilich hochgestellte Ausnahme, bei der ich überdies die maximale kosmetische Sorgfalt habe walten lassen.

En Block gibt die Reihe nun, das darf ich getrost so ausschweifend behaupten, einen schönen Profilschnitt vom Antlitz des Gipfels der Zivilisation am Ende eines umtriebigen Jahrtausends wieder.

„Allesamt Gesundheit und ein langes Leben!" – möchte ich noch ausgerufen haben. Denn eines, hoffentlich recht fernen Tages wird dieses Buch unweigerlich von Gespenstern wimmeln, vor denen sich noch unsere Urururahnen gruseln.

In diesem Sinne ganz herzlich

Rudi Hurzlmeier

Das Thomasgottschi – die Urform

Für Kreti und Pleti
ein Schnappschuß vom Yeti

und am Zwang, sich ständig umzukleiden

Wer schön sein will,
muß ganz schön leiden,
am Waschzwang
und am Zwang, sich ständig umzukleiden

Für eine Million pro Nacht
hätte manche – husch – ins Bett gemacht

Ballermann Sex

pip pip

Affentheater
on Dschungeltour
on Schunkeltour

Oh wie wohl – Octacosanol
Die Wirkung steht in der Packungsbeilage

Ein Raumschiff, oder Osterei
schwebt knapp am Angesicht vorbei
(nach Magritte)

Auch ein Beitrag
zur globalen Erderwärmung

Zappen – zappen – zappenduster

Manchem Großhirn reicht ein Whisky,
nicht so Marcel Reich Ranicki

Doppeltes Lottchen

Grünes Männchen
... man hats geahnt!

Am Broadway, vor Allen,
ist auch noch kein Meister
vom Hochhaus gefallen

Vermutlich bloß ein Double
der wird doch dauernd nachgeäfft

Hau weg!

Das fünfte Kolönnchen

Tante Emma
(nach von Stuck)

Bumsfallera

Die Hundesteuer ist fällig

Huch –
was kommt von draußen rein

Langsam wirds eng
im Mantel der Geschichte

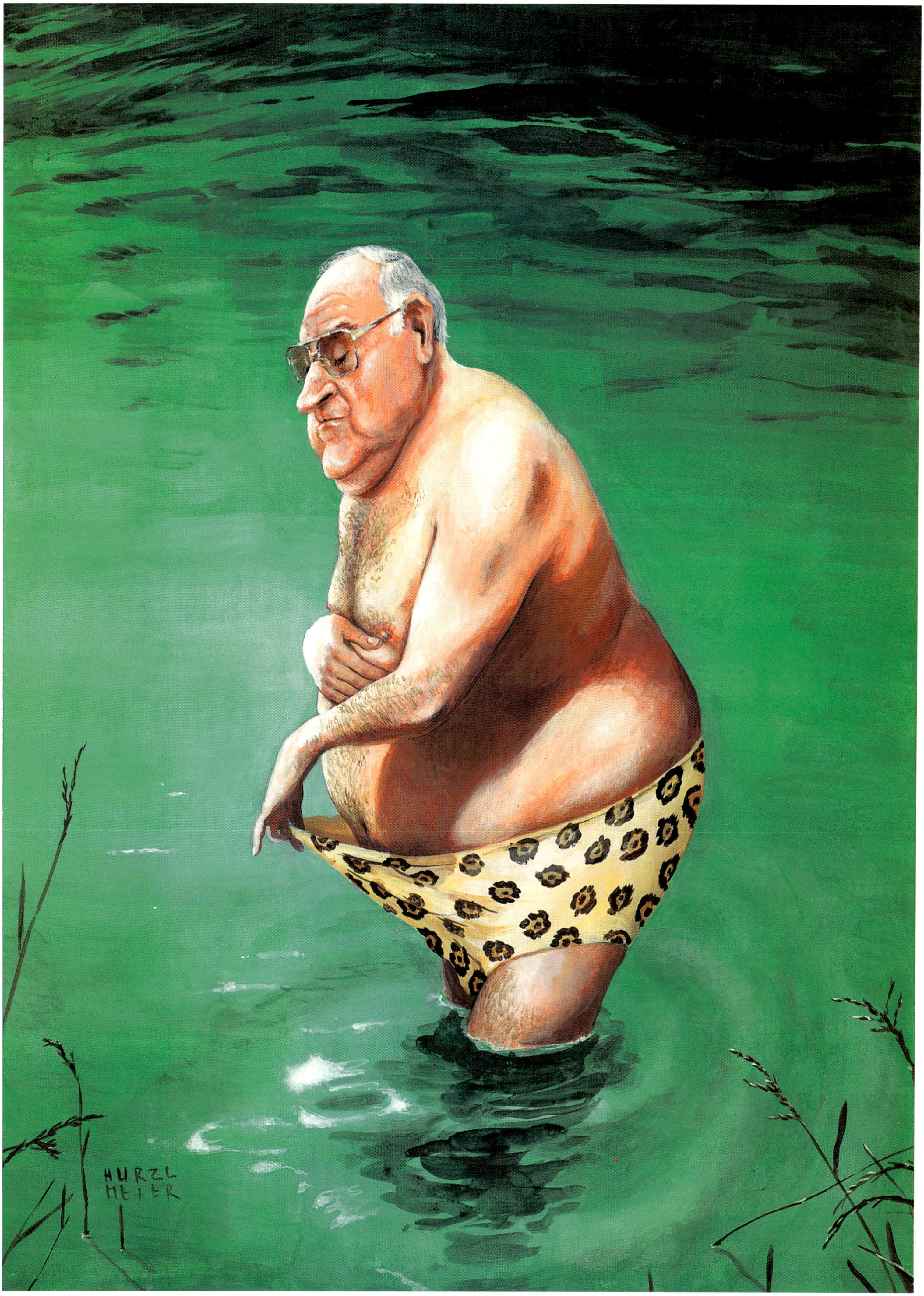
HURZL
MEIER

Höfliche Hofmalerei
Flauschige Fleischfarbenpalette

HURZL
MEIER

Höchstens halb-wegs
wiederzuerkennen

Der Ruheständler
löckt wieder den Stachel
(nach Spitzweg)

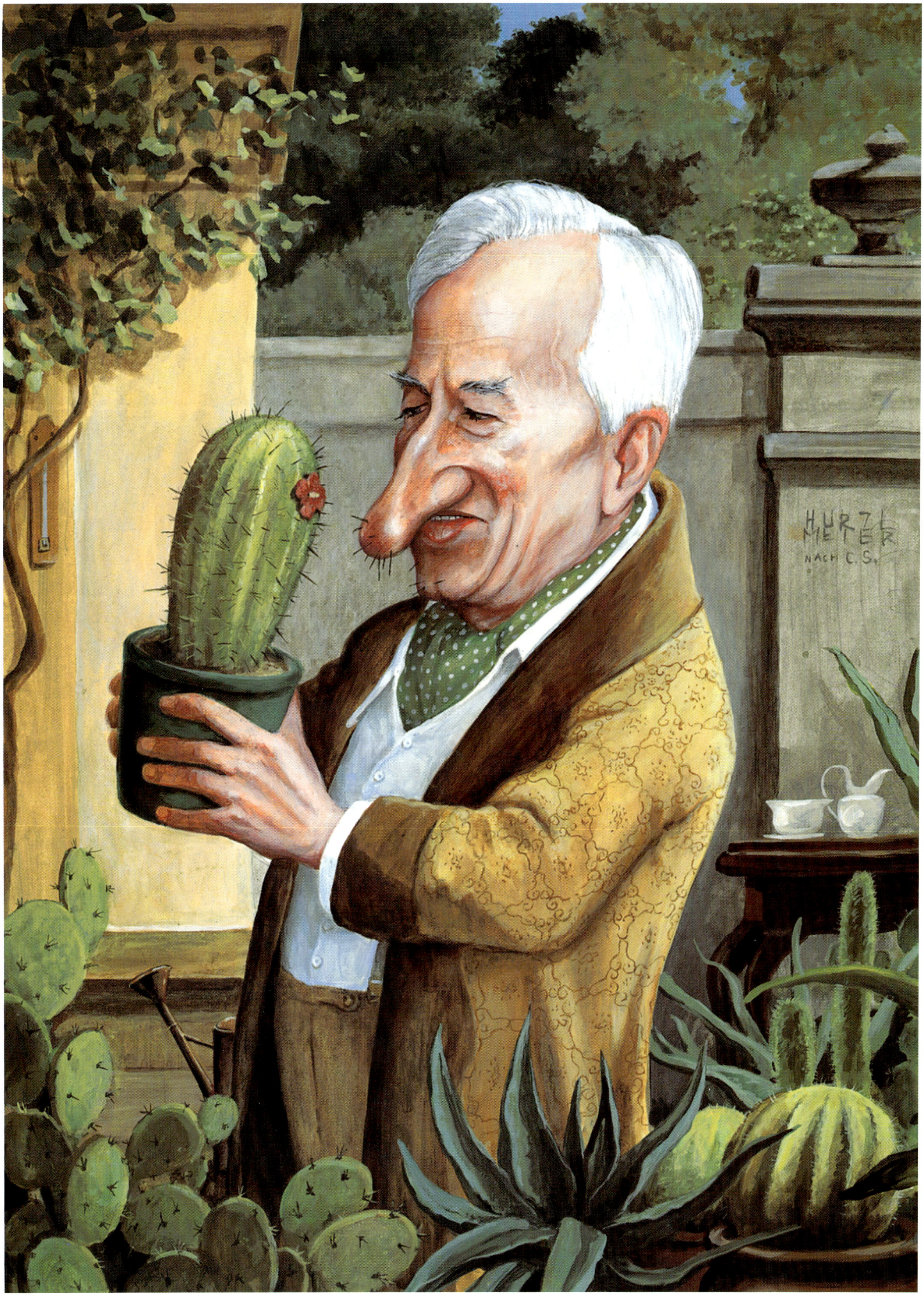
HURZL
MEIER
NACH C.S.

Wer hat den Kirch
ins Dorf gelassen?

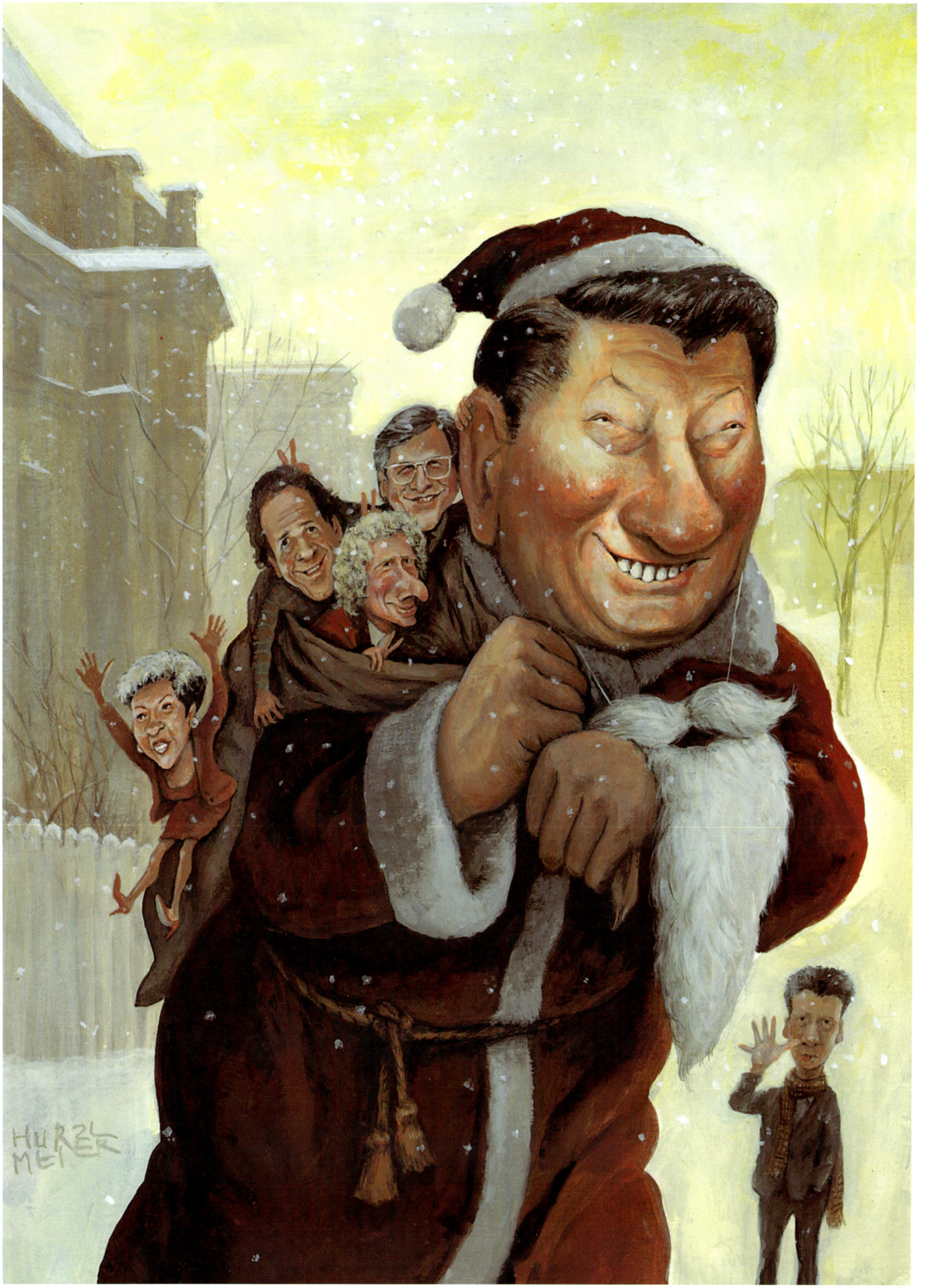
HURZLMEIER

Täglich Eintopf wie bei Muttern

Billiges Heiligenbildchen
kann keinem Fliege was anhaben

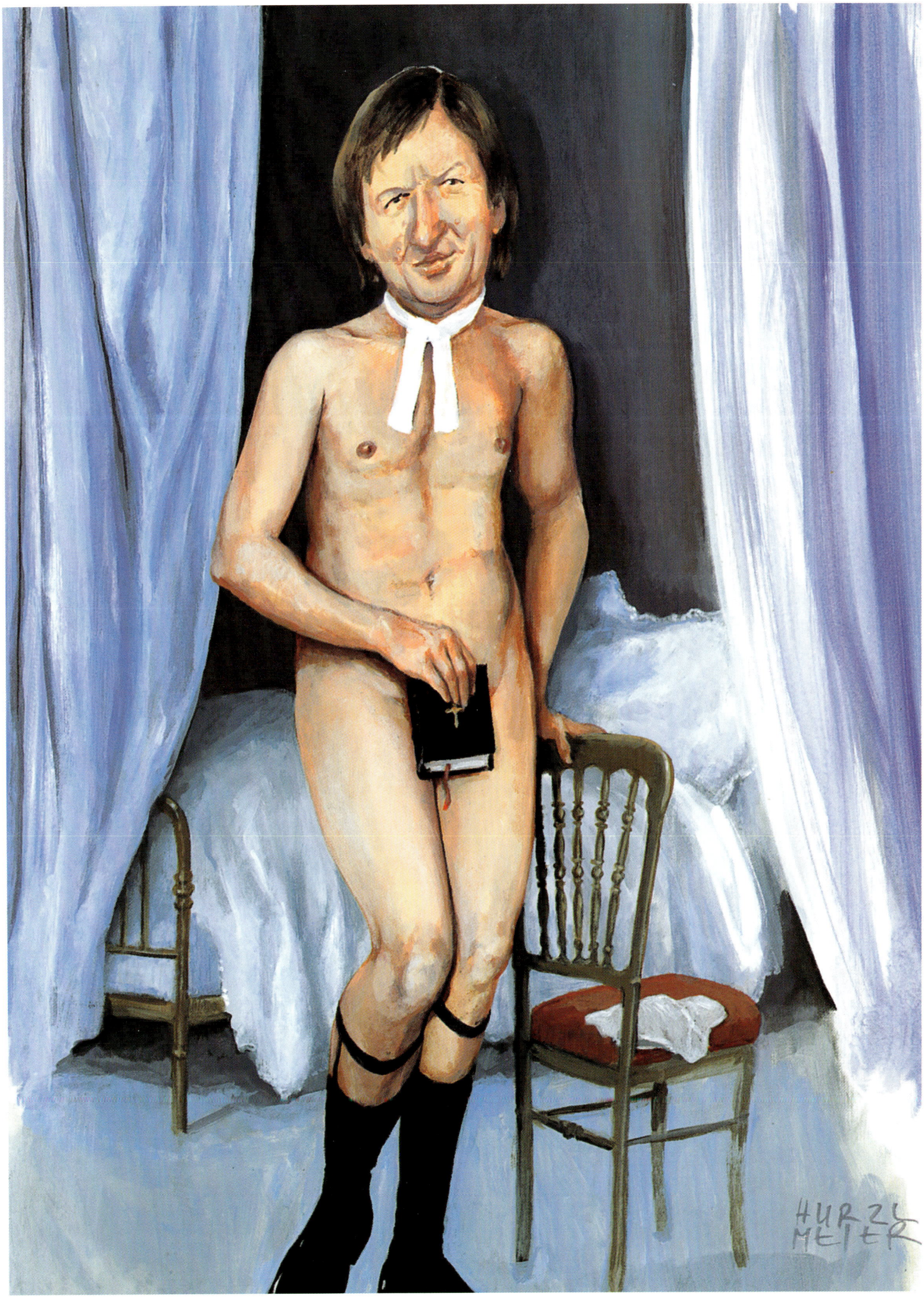
HURZL
MEIER

Veilchen-Kavalier

50   Veronica, der Benz ist da

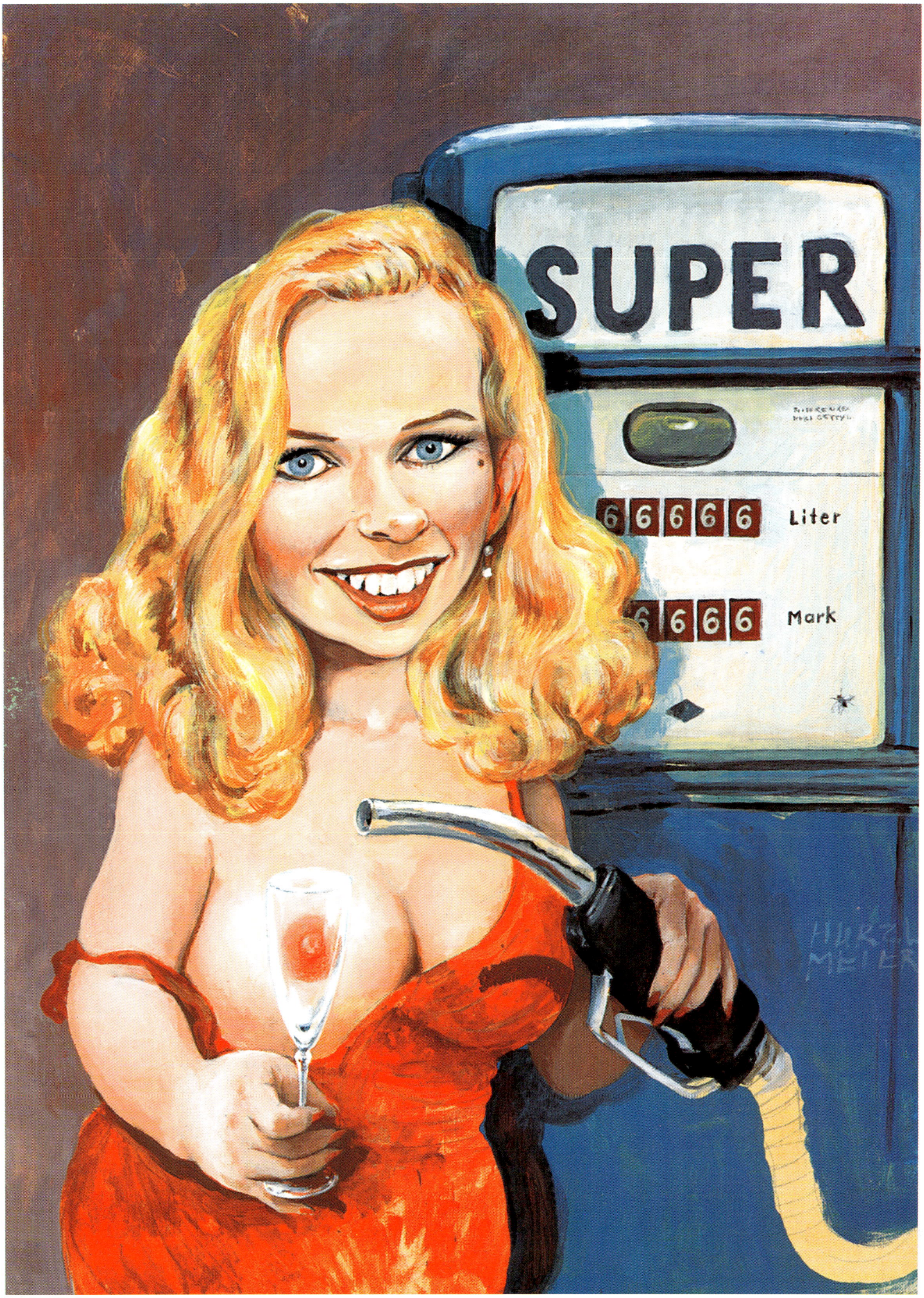
SUPER
66666 Liter
6666 Mark

Drei Zeisige beim Gurgel ölen
bevor sie uns ein Ohr abgröhlen

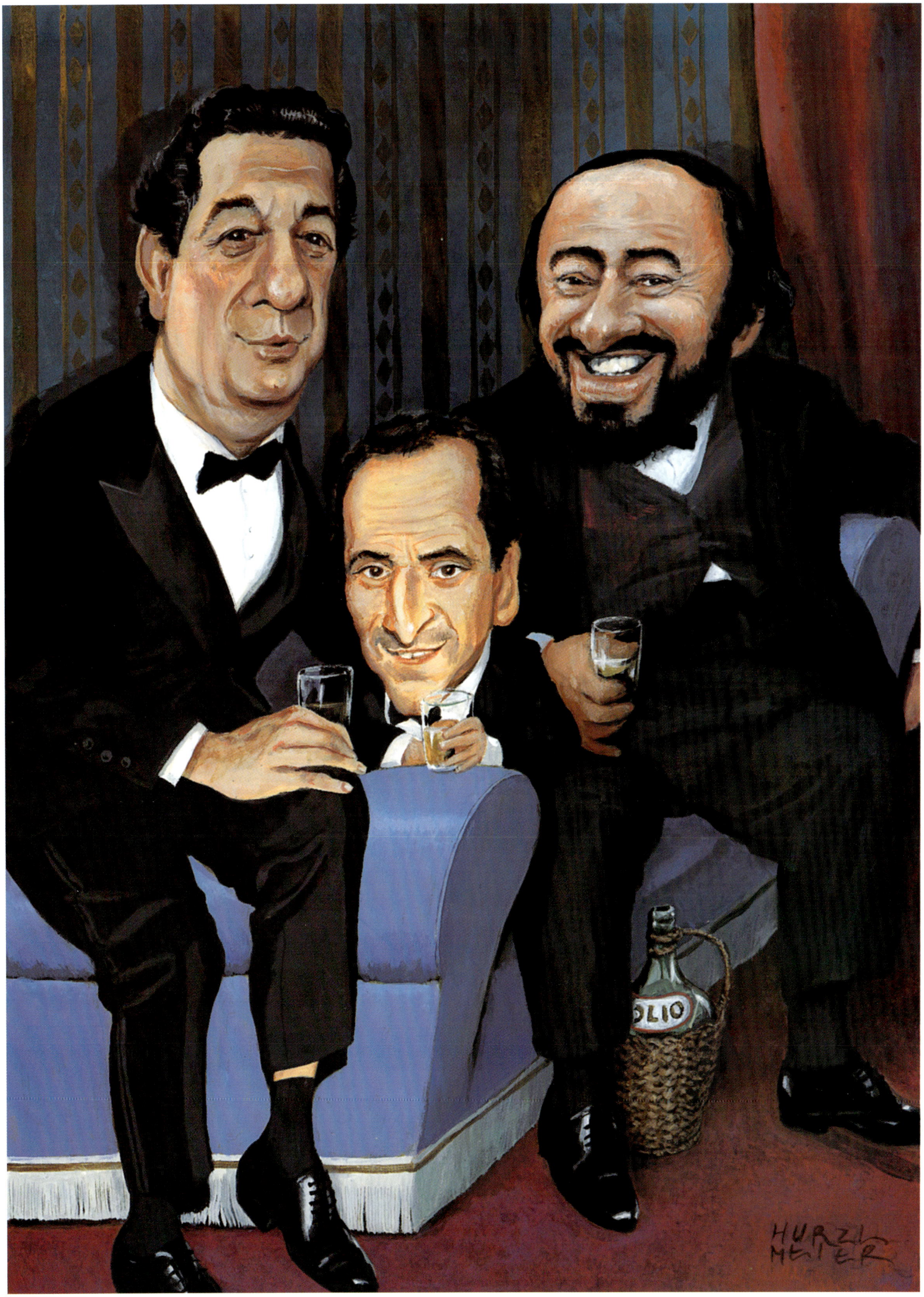
OLIO
HURZLMEIER

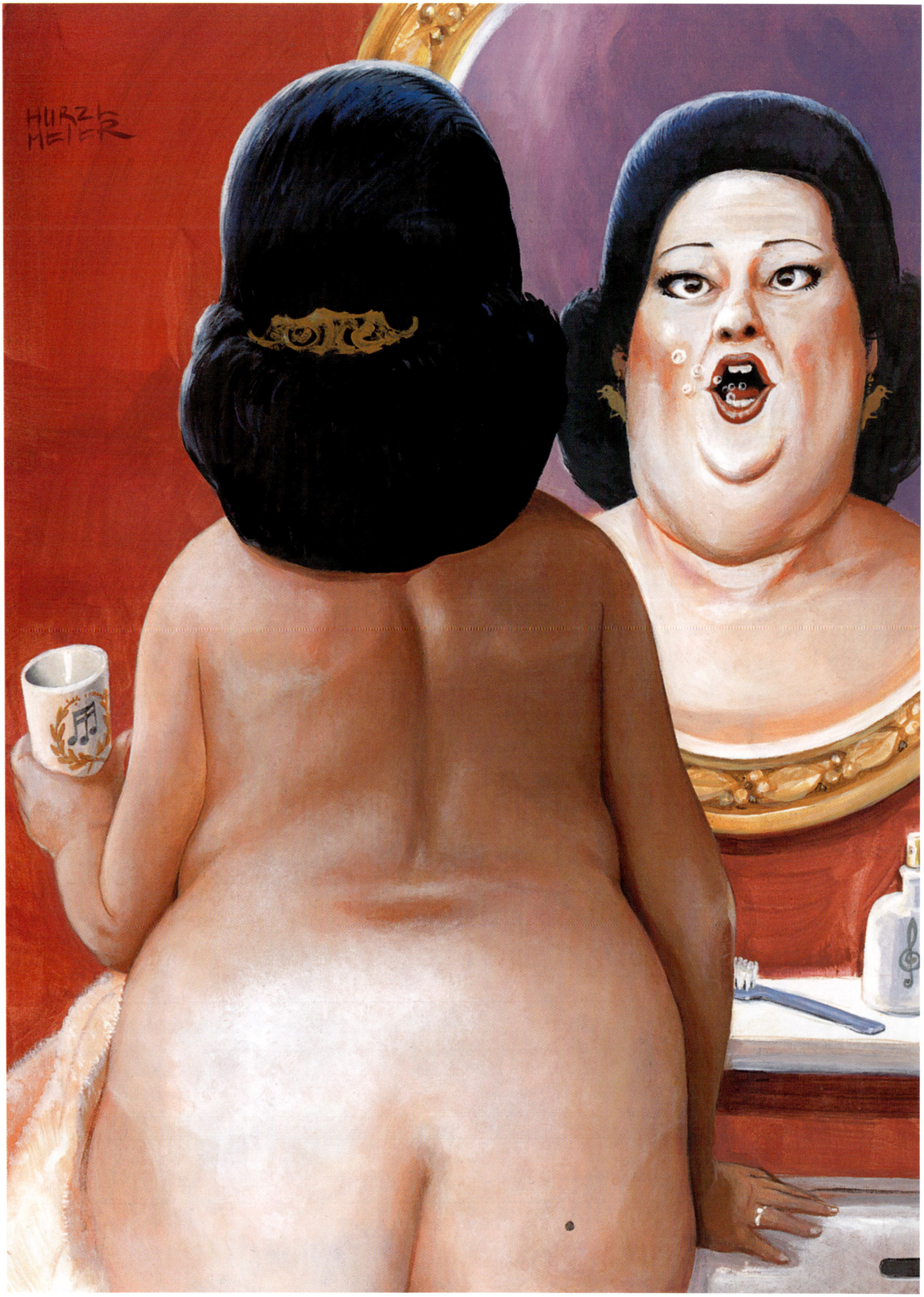
HURZLE
MEIER

Der absolute Hammer

Die Königin der Nacht
Mittags um halb acht

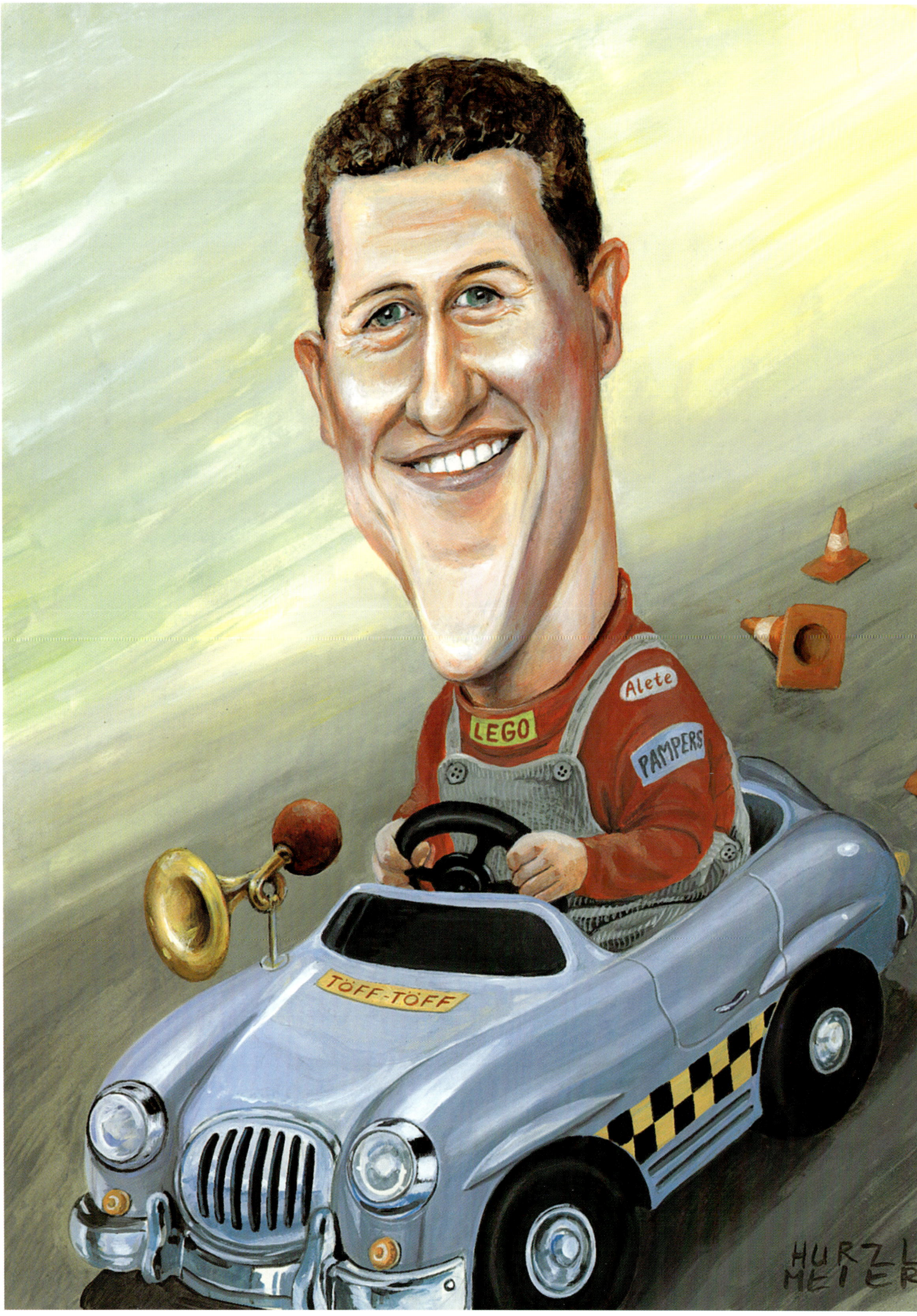
Alete
LEGO
PAMPERS
TÖFF-TÖFF
HURZL
MEIER

blub blub

Früh bereift, nie bereut

Prima
Prima mad
Primadonna

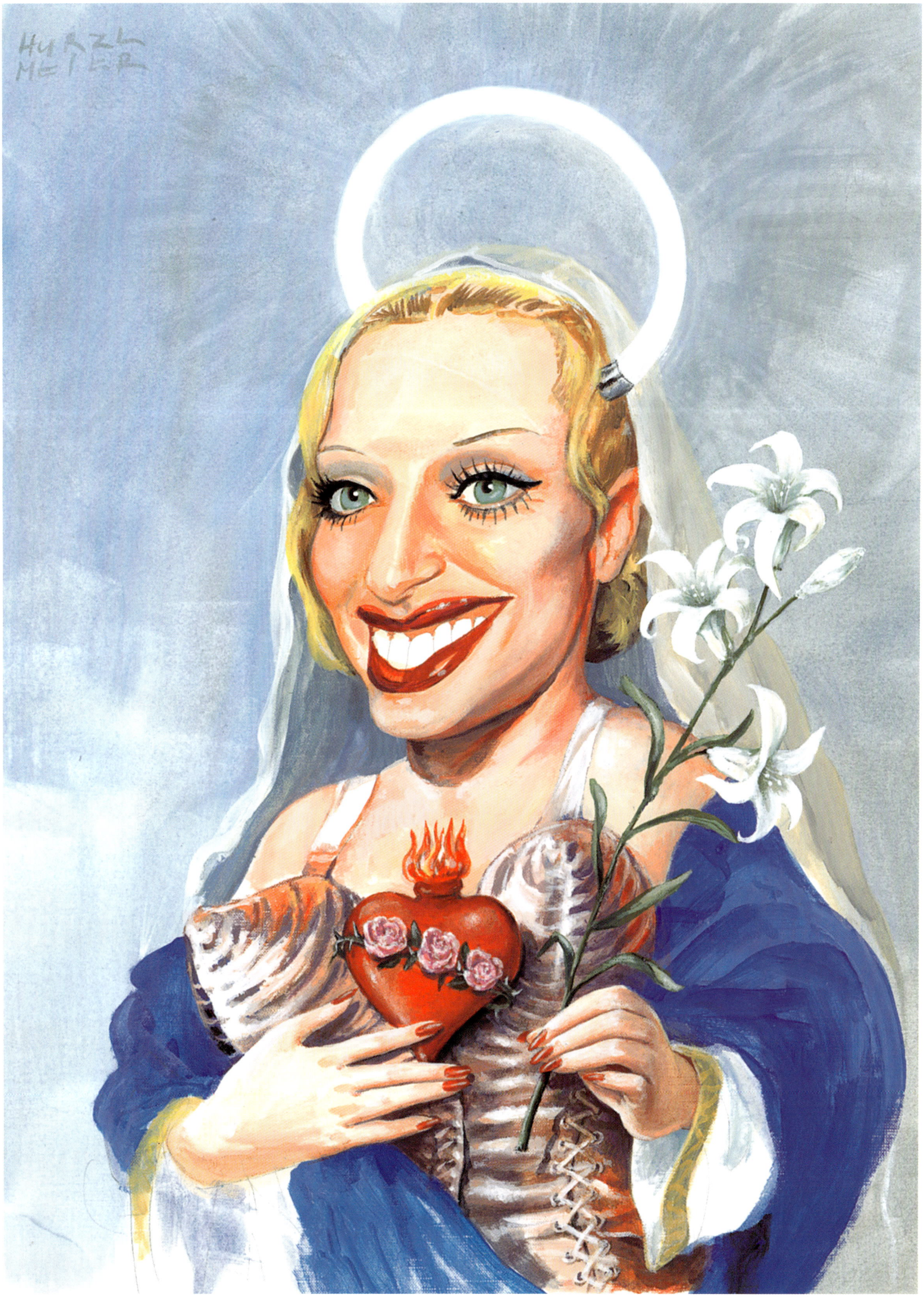

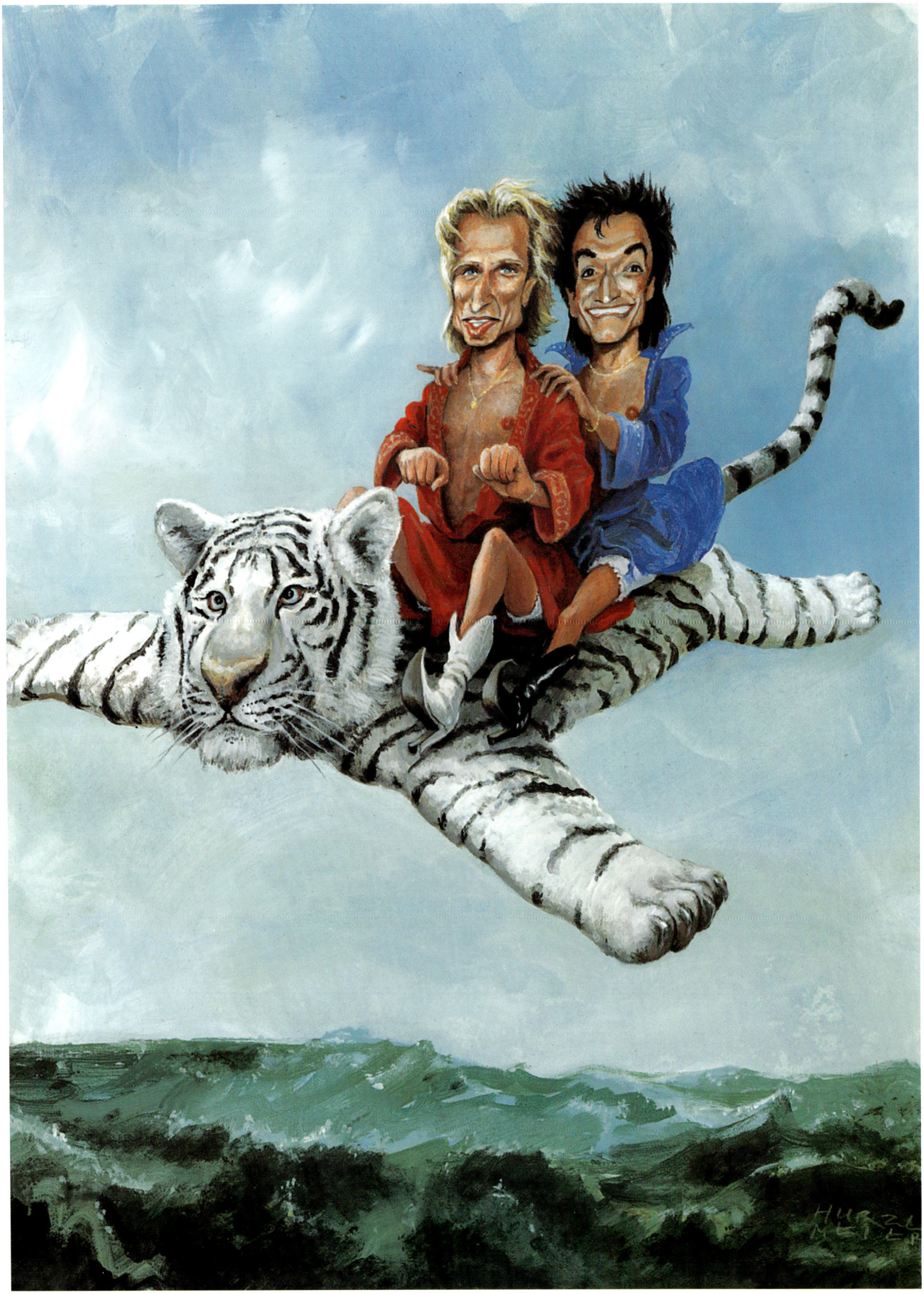

Kalte L ollis
warme O hren
der arme A
leicht abgefroren

Zügellose Zauberer
tigern tapfer
durchs Bermudadreieck

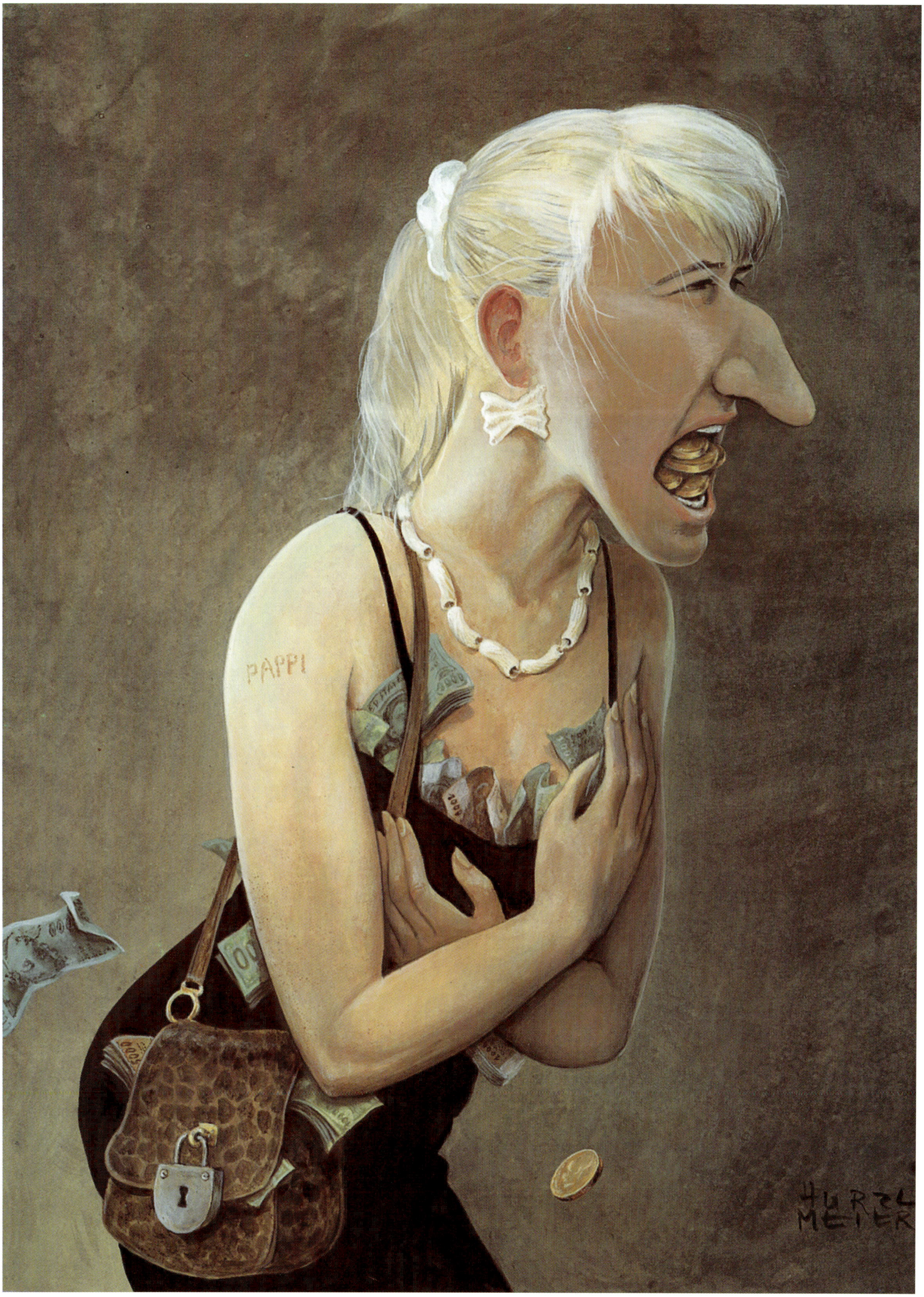
PAPPI
HURZL
MEIER

Abendgymnastik
(nach Renoir)

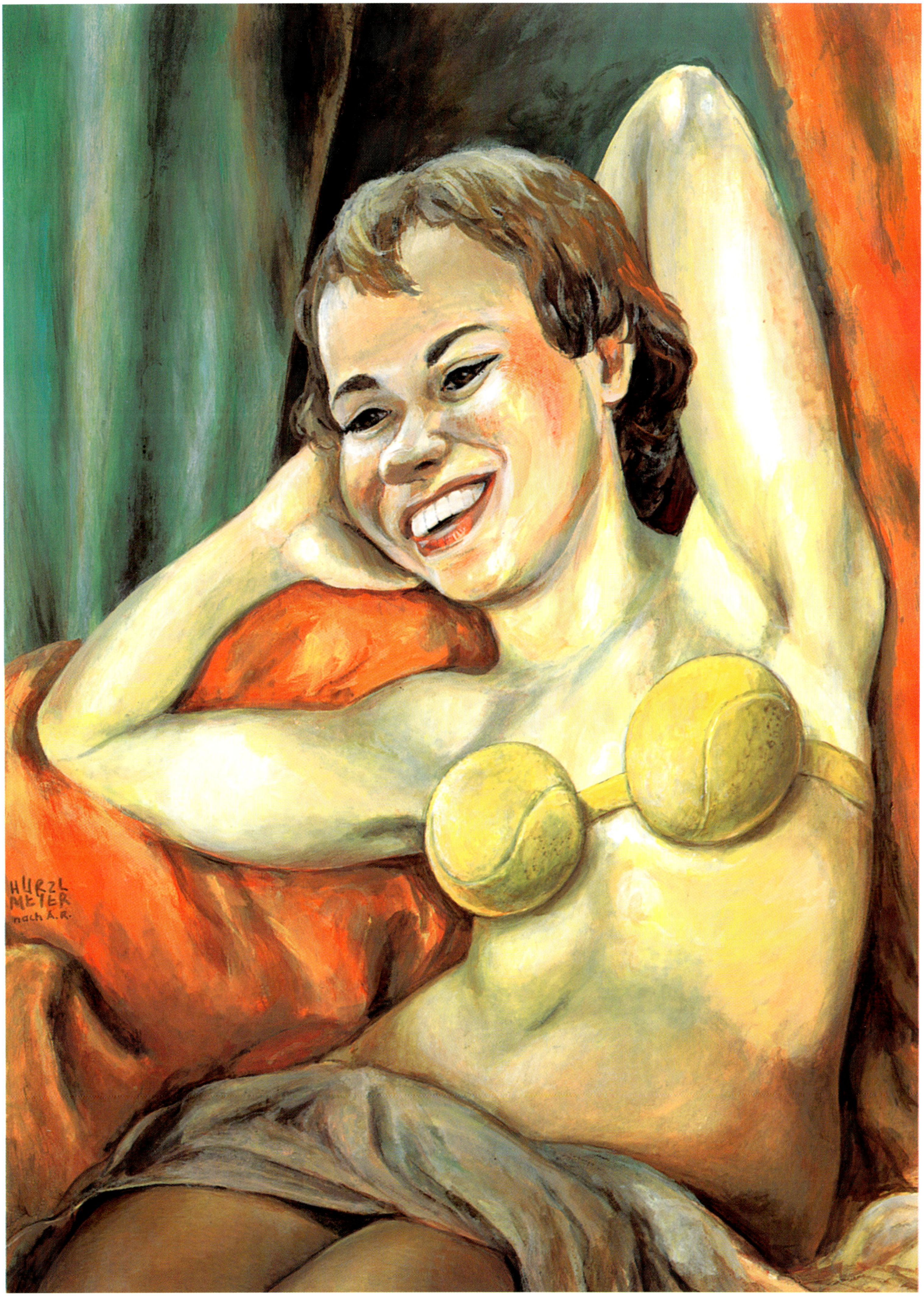
HURZL
MEIER
nach A.R.

STEIERMARK

Donau-Anarchie

Ein Steirerman ist kein Wachauer
kennt weder Furcht noch Trauer
bloß Muskelkater macht ihn sauer

Spuren im Schnee
von Rehlein, Vöglein, Häslein, nur
von Höslein keine Spur

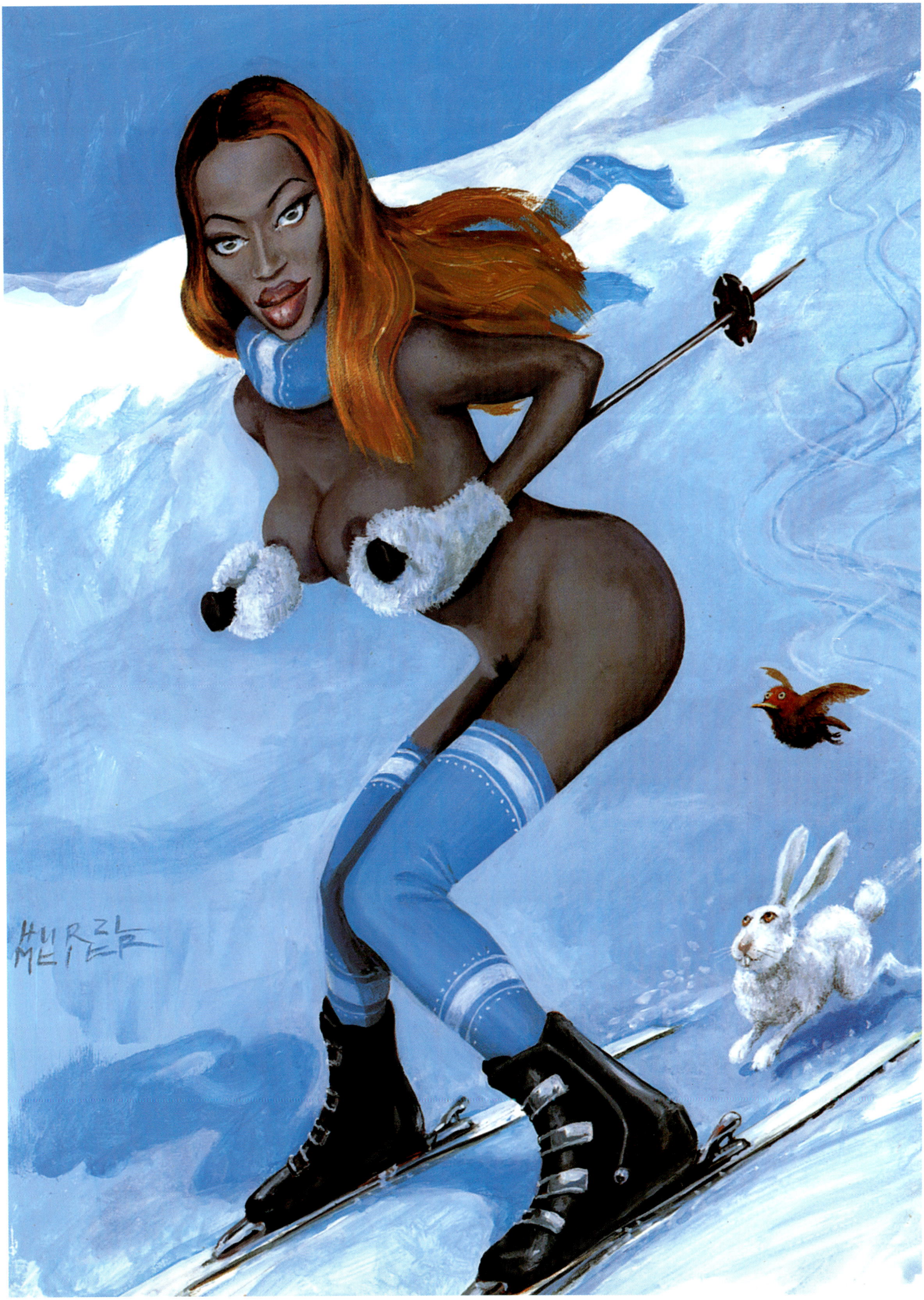
HURZL
MEIER

Ammenmärchen

Windhund, zäh wie Rehleder,
hart wie Hagelkörner

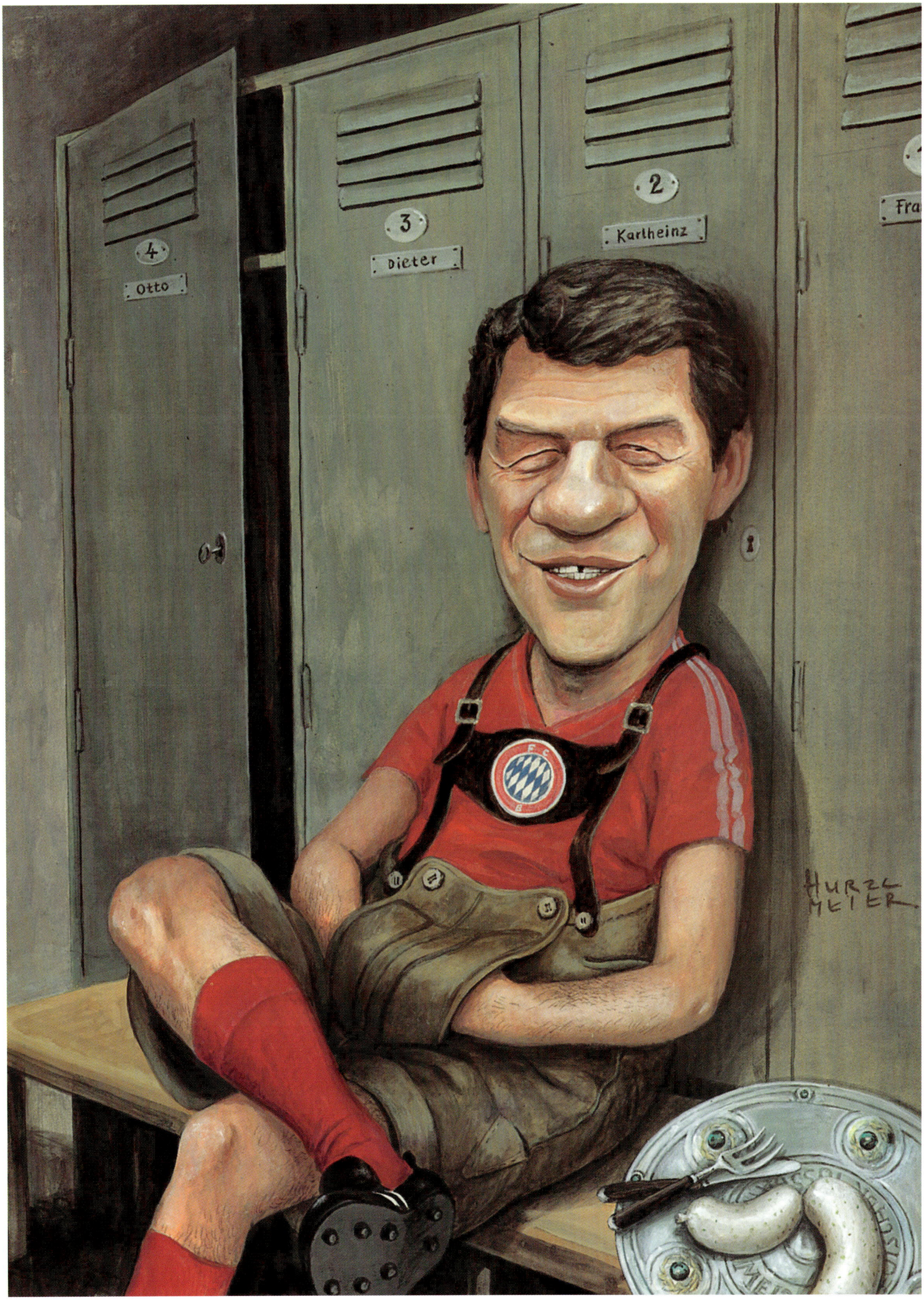
4
Otto
3
Dieter
2
Karlheinz
HURZL
MEIER

Alles wird gut ...
durchgebürstet

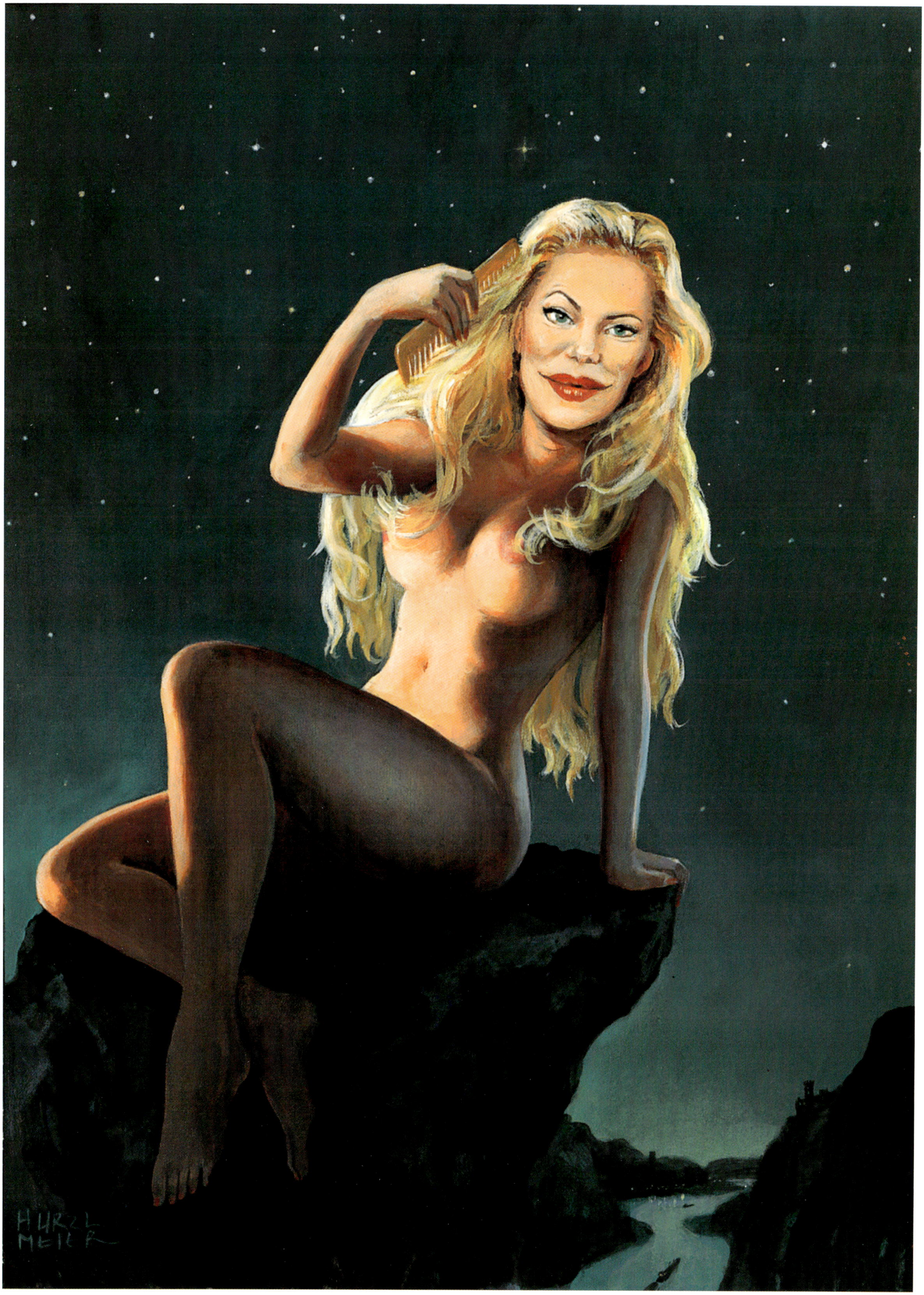
HURZL
MEIER

Andalusier
(R. Hurzlmeier, Selbstportrait in Andalusien)

BILDNACHWEIS

S. 9 **Gottschalk, Thomas**
geb. 1950 in Bamberg
Lehrer (Deutsch, Geschichte), Redakteur, Fernsehmoderator
u.a. „Wetten daß ..."
Portrait anläßlich seines Techtelmechtels mit Mickey Mouse

S. 10 **Messner, Reinhold**
geb. 17. September 1944 in Brixen
Bergsteiger, Autor, Bergbauer, Vortragsredner,
bestieg alle 14 Achttausender, zahlreiche Bücher und Filme
Portrait anläßlich eines Alleingangs

S. 11 **Papst Johannes Paul II.** (vorher Karol Wojtyla)
geb. 18. Mai 1920 in Wadowice, Polen
Papst seit dem 16. Oktober 1978, studierte Literaturwissenschaften
und war Schauspieler in einer Krakauer Theatergruppe
Portrait anläßlich Nachwuchssorgen

S. 13 **Schiffer, Claudia**
geb. 15. August 1970 in Rheinberg bei Düsseldorf
deutsches Fotomodell, wurde 1989 in einer Düsseldorfer Diskothek
entdeckt, seit 1994 verlobt mit Performance-Künstler David Copperfield
Portrait anläßlich eines Umzugs

S. 14 **Jagger, Mick** (eigentlich Michael Philip Jagger)
geb. 27. Juli 1943 in Dartford, Kent, GB
seit 30 Jahren Sänger der Rolling Stones
Portrait anläßlich seines 50. Geburtstags

S. 15 **Kiesbauer, Arabella**
geb. 8. April 1969 in Wien
deutsche Moderatorin, Abitur, Studium der Publizistik und
Theaterwissenschaften, wurde 1988 in einer Wiener Bar entdeckt
Portrait anläßlich fadenscheiniger Versprechungen

S. 16 **Vogts, Berti**
geb. 1946
Trainer der deutschen Fußball-Nationalelf ab Saison 90/91,
Volksschule, Handwerkslehre, seit dem 18. Lebensjahr Spieler bei Borussia
Mönchengladbach, Deutscher Meister, 96 Länderspiele, 1974 Weltmeister
Portrait anläßlich der Halbzeit

S. 17 **Schneider, Helge**
geb. 1955 in Mühlheim/Ruhr
Deutscher Sänger, Musiker, Komödiant und Schauspieler
Portrait anläßlich seines Kinofilms

S. 19 **Müller-Westernhagen, Marius**
geb. 6. Dezember 1948 in Düsseldorf
Rockmusiker, Schauspieler, Allgem. Schule bis zum 14. Lebensjahr,
danach Ausbildung zum Schauspieler
Portrait anläßlich des Affentheaters

S. 20 **Lauterbach, Heiner**
geb. 10. April 1953 in Köln
deutscher Schauspieler, Synchronsprecher,
verschiedene Filmrollen, u.a. „Männer" von Doris Dörrie
Portrait anläßlich: eines Werbevertrags

S. 21 **Makatsch, Heike**
geb. 13. August 1971 in Düsseldorf
Abitur, Schneiderlehre, VIVA und BRAVO-TV Moderatorin,
Schauspielerin „Männerpension"
Portrait anläßlich ihres Scenenwechsels

S. 23 **LORIOT** (eigentlich Vicco von Bülow)
geb. 12. November 1923 in Brandenburg
Notabitur, Kriegsdienst (Oberleutnant), Holzfäller, Cartoonist,
Schauspieler und Regisseur, studierte Malerei und Graphik
Portrait anläßlich seines 70. Geburtstags

S. 24 **Schmidt, Harald**
geb. 18. August 1957 in Neu-Ulm
Kabarettist und TV-Moderator, Abitur, Schauspielschule, 1981–84 als
Schauspieler gearbeitet, 1984–89 Düsseldorfer Kom(m)ödchen
Portrait anläßlich seines abendlichen Wasserlassens

S. 25 **Christiansen, Sabine**
geb. 20. September 1957 in Preetz (Schleswig-Holstein)
Stewardeß, Wirtschaftsredakteurin NDR, Fernsehjournalistin
und Moderatorin (Tagesthemen), eigene Talkshow
Portrait anläßlich solider Leistungen

S. 27 **Reich-Ranicki, Marcel**
geb. 2. Juni 1920 Wloclawek/Polen
Dr. phil. h.c., Schriftsteller, 1960–73 Zeit (Literaturkritik und Kolumnist),
1973–88 FAZ (Leiter des Literaturteils), diverse Gastprofessuren im In- und
Ausland, Literarisches Quartett (ZDF).
Portrait anläßlich seines 75. Geburtstages

S. 28 **Gates, William H.**
geb. 28. Oktober 1955 in Seattle, Washington, USA
amerikanischer Manager, Präsident der Firma „Microsoft",
Abbruch des Studiums an der Universität Harvard,
im Alter von 19 Jahren Gründung der Firma Microsoft
Portrait anläßlich schlimmer Befürchtungen

S. 29 **Riemann, Katja**
geb. 1963 in Kirchweyhe bei Bremen
deutsche Schauspielerin, u.a. „Der bewegte Mann",
Abitur, Studium der Tanzpädagogik, Schauspielschule Hannover
Portrait anläßlich einer Premiere

S. 31 **Allen, Woody** (eigentlich Allen Stewart Konigsberg)
geb. 1. Dezember 1935 in Brooklyn/New York, USA
amerikanischer Filmschauspieler, -produzent, Regisseur und Autor
u. a. „Was Sie schon immer über Sex wissen wollten ..."
College der City of New York, kurze Zeit New Yorker Universität
Portrait anläßlich eines Kinofilms

S. 33 **Jackson, Michael** Joseph
geb. 29. August 1958 in Gay, Indiana, USA
Sänger und Tänzer ab 4. Lebensjahr, Star der Gruppe
„The Jackson Five", heute Mega-Pop-Star
Portrait anläßlich ulkiger Gerüchte

S. 34 **Jelzin, Boris**
geb. 1. Februar 1931 im Dorf Butka, am Ural
russischer Politiker, Staatspräsident,
in der Schule Volleyball-Star, Bauingenieur
Portrait anläßlich Tschetscheniens

S. 35 **Gysi, Gregor**
geb. 16. Januar 1948 in Berlin
Dr. Dipl.-Jurist, Mitglied des Bundestages seit 1990,
Abitur, Rinderzüchter, Dipl.-Jurist, RA und Berufspolitiker
Portrait anläßlich des Untergrundkampfes

S. 37 **Schwarzer, Alice**
geb. 3. Dezember 1942 in Wuppertal-Elberfeld
Journalistin, Herausgeberin und Verlegerin der feministischen
Zeitschrift „Emma"
Portrait anläßlich ihres Durchbruchs im Fernsehen

S. 38 **Waigel, Theodor**
geb. 22. April 1939 in Oberrohr
Dr. jur., Bundesminister der Finanzen seit 1989, Vorsitzender der
CSU seit 1988, Mitglied des Bundestages seit 1972
Portrait anläßlich seines leeren Beutels

S. 39 **Clinton, Bill**
geb. 19. August 1946 in Hope, Arkansas, USA
amerikanischer Jurist und Politiker (Demokrat), 42. Präsident der USA
Studium an der Georgetown University in Washington, D.C.,
Oxford in England und an der Law School der Yale University
Portrait anläßlich seiner Wiederwahl

S. 40 **Schröder, Gerhard**
geb. 7. April 1944 in Mossenberg
Volksschule, Lehre zum Einzelhandelskaufmann, Abendschule,
mittlere Reife, Kolleg 2. Bildungsweg, Abitur, Studium der
Rechtswissenschaften, 1978–80 Vorsitzender der Jungsozialisten,

seit 1986 Mitglied des SPD-Parteivorstandes,
Ministerpräsident des Landes Niedersachsen seit 1990
Portrait anläßlich Lafontaines

S. 41 **Kohl, Helmut**
geb. 3. April 1930 in Ludwigshafen
Dr. phil., Dr. h.c., Bundeskanzler seit 1982, Studium an den Universitäten
Frankfurt und Heidelberg (Rechts- und Staatswissenschaften, Geschichte)
Promot. 1958, Vorsitzender der CDU, Mitglied des Bundestages seit 1976
Portrait anläßlich knapper Badefreuden
verheiratet mit

S. 43 **Kohl, Hannelore**
geborene Renner, 2 Söhne (Walter, Peter)
Portrait anläßlich: Kanzlergattin-Jubiläums

S. 44 **Fischer, Joschka**
geb. 12. April 1948 in Gerabronn
Hessischer Minister für Umwelt, Energie und Bundesangelegenheiten
und stellvertretender Ministerpräsident, seit 1982 Mitglied der Grünen,
Mitglied des Bundestages
Portrait anläßlich seines grünen Gewichts

S. 45 **Weizsäcker, Richard Freiherr von**
geb. 15 April 1920 in Stuttgart
Dr. jur., Dr. phil. h.c., Bundespräsident von 1984 bis 1994,
verheiratet seit 1953, 4 Kinder
Portrait anläßlich seines Ruhestands

S. 47 **Kirch, Leo**
geb. 21. Oktober 1926 in Würzburg
deutscher Medienunternehmer, Dr. rer. pol., studierte Betriebswirtschaft
und Mathematik in Würzburg und München
Portrait anläßlich einer Entertainer-Umgruppierung

S. 48 **Marjan, Marie-Luise**
geb. 9. August 1940 in Essen
Schauspielerin, mittl. Reife, 1958–60 Musikhochschule Hamburg,
seit 1985 Rolle der Mutter Beimer in der Serie Lindenstraße
Portrait anläßlich ihrer Unausweichlichkeit

S. 49 **Pfarrer Fliege, Jürgen**
geb. 30. März 1947 in Radevormwald (Nordrhein-Westfalen)
deutscher Theologe und TV Moderator, studierte evangelische Theologie
in Wuppertal und Tübingen, seit 1989 Fernsehpfarrer bei SAT 1
Portrait anläßlich seines Nachtgebets

S. 50 **Schulz, Axel**
geb. 9. November 1968 in Bad Saarow
Profiboxer, gelernter Mechaniker, ehem. NVA-Feldwebel,
Deutscher Profimeister 1992
Portrait anläßlich eines Fehlversuchs

S. 51 **Ferres, Veronika**
geb. 10. Juni 1965 in Solingen
deutsche Schauspielerin, u.a. „Schtonk", „Das Superweib",
studierte Germanistik und Theaterwissenschaften
Portrait anläßlich einer Premiere

S. 53 **Die drei Tenöre**
Carreras, José
geb. 5. Dezember 1946 in Barcelona, Spanien
spanischer Tenor
Domingo, Plácido
geb. 21. Januar 1941 in Madrid, Spanien
spanischer Tenor und Dirigent, Operndirektor
Pavarotti, Luciano
geb. 12. Oktober 1935 in Modena, Italien
italienischer Tenor
Portrait anläßlich Verona

S. 54 **Caballé, Montserrat**
geb. 12. April 1933 in Barcelona, Spanien
spanische Sopranistin, verheiratet, zwei Kinder,
studierte in Barcelona Gesang
Portrait anläßlich ihres nachtigallenen Gesangs

S. 55 **Moshammer, Rudolf** Carnaval de Venise
Alter geheim (lt. eigener Angabe 57)
Modedesigner und Gastronom, München
Portrait anläßlich der Verbindung von Brotzeit und Herrenschneiderei

S. 56 **Schumacher, Michael**
geb. 3. Januar 1969 in Hürth-Hermühlheim
Kfz-Mechaniker, zweifacher Formel-1-Weltmeister
bis 1995 insges. 10 Formel-1-Siege, verheiratet, 1 Tochter
Portrait anläßlich seines reifen Wechsels zu Ferrari

S. 57 **van Almsick, Franziska**
geb. 5. April 1978 in Berlin
Schwimmerin, Weltcupsiegerin, Europameisterin, Weltmeisterin,
1993 Europasportlerin und Weltsportlerin des Jahres
Portrait anläßlich großer Erfolge im Schnellschwimmen

S. 59 **Madonna** (eigentlich Madonna Louise Veronica Ciccone)
geb. 16. August 1958 in Bay City, Minnesota, USA
Ballettänzerin, Schlagzeugerin, Entertainerin, Sexsymbol,
Sängerin, Filmschauspielerin, Mutter
Portrait anläßlich großer Verdienste im Tanzen und Singen

S. 60 **Siegfried und Roy**
Siegfried Fischbacher, geb. 1939 in Rosenheim
Roy Uwe Ludwig Horn, geb. 1944 in Nordenham
beide Magier, Las Vegas, USA
Portrait anläßlich ihres zauberhaften Auftretens

S. 61 **Witt, Katarina**
geb. 3. Dezember 1965 in Staaken bei Berlin
deutsche Eiskunstläuferin, Olympiasiegerin, Weltmeisterin,
Europameisterin, Profi-Weltmeisterin
Portrait anläßlich einer Weltmeisterschaft

S. 63 **Graf, Steffi**
geb. 14. Juni 1969 in Brühl bei Mannheim
deutsche Tennisspielerin, langjährige Weltranglistenerste, Siegerin u.a.
Wimbledon, French Open, Australian Open, US Open
Portrait anläßlich finanzieller Turbulenzen

S. 65 **Hingis, Martina**
geb. 30. September 1980 in Košice, Slowakei
schweizer Tennisspielerin, Siegerin Australian Open 1997,
Masters-Finalistin 1996, Weltranglistenerste Mai 1997
Portrait anläßlich Nr. 1

S. 66 **Schwarzenegger, Arnold**
geb. 30. Juli 1947 in Graz, Österreich
Bodybuilder, „Mister Europa" der Junioren, „Mister Universum",
„Mister Olympia", erfolgreicher Filmschauspieler in den USA
Portrait anläßlich seiner immer noch guten Figur

S. 67 **Phettberg, Hermes**
geb. 5. Oktober 1952
bürgerlich Josef Fenz, Lebenskünstler, Wien
Portrait anläßlich seines schwunghaften Wurstsemmelhandels

S. 69 **Campbell, Naomi**
geb. 22. Mai 1970 in London
britisches Fotomodell, Schauspielschule, wurde mit 15 beim Shopping
in Covent Garden entdeckt
Portrait anläßlich ihrer netten Erscheinung

S. 70 **Schreinemakers, Margarethe**
geb. 27. Juli 1958 in Krefeld
deutsche Fernsehjournalistin und -moderatorin, u.a. „Schreinemakers live",
Abitur, Studium der Sozialwissenschaften
Portrait anläßlich finanzieller Sorgen

S. 71 **Rehhagel, Otto**
geb. 9. August 1938 in Essen
Fußballtrainer: Werder Bremen (1981–95),
FC Bayer München (1995), 1 FC Kaiserslautern (seit 1996)
Portrait anläßlich seines bayrischen Gastspiels

S. 73 **Ruge, Nina**
geb. 24. August 1960 in München
deutsche Fernsehjournalistin, glänzendes Abitur, studierte Biologie
und Germanistik für das höhere Lehramt, Schauspielunterricht
Portrait anläßlich einer Rheinfahrt

S. 74 **Hurzlmeier, Rudi**
geb. in Niederbayern
Pförtner, Schaufensterdekorateur, Möbelpacker, Krankenpfleger, Cartoonist,
Illustrator, Autor, Maler, Objektkünstler, veröffentlichte fast 20 Bücher
Portrait anläßlich Ferien auf dem Bauernhof